Lucio Perelli

Pensieri e Sentenze

"quante vite si possono salvare, o anche solo cambiare con un libro!"

Seconda Edizione, Maggio 2025

PENSIERI E SENTENZE

Prima Edizione – 10 Marzo 2024

Seconda Edizione – 18 Maggio 2025

ISBN 9798224535804

Scritto da: Lucio Perelli

In copertina:

foto Lucio Perelli; soggetti: Lucio Perelli, Bruna Piermattei.

https://lucioperelliscrittore.simdif.com

https://lucioperelliscrittore.simdif.com/
lucioperelliscrittore@gmail.com

Questo è un lavoro nato dall'immaginazione del suo autore. Nomi, luoghi, avvenimenti e descrizioni non si rifanno a località, eventi o personaggi esistenti o esistiti. Qualsiasi riferimento ai sopraccitati è puramente casuale.

"

PENSIERI E SENTENZE

Copyright © 2025 Lucio Perelli.

All right reserved

First Edition – March 10, 2024

Second Edition – May 18, 2025

ISBN 9798224535804

Written by: Lucio Perelli

Cover and subject: Lucio Perelli, Bruna Piermattei.

https://lucioperelliscrittore.simdif.com

lucio perelli libri

https://lucioperelliscrittore.simdif.com/
lucioperelliscrittore@gmail.com

Lucio Perelli

Pensieri e Sentenze

A volte basterebbe un sorriso, un po' di empatia, una pacca sulla spalla; a volte basterebbe solo tacere.

Quanto aiuto potremmo dare ai ragazzini che cercano di crescere; spesso si arrangiano come possono, ma da soli non si va da nessuna parte.

In tanti cambiano per compiacere, altri si rifugiano nello sballo a cercare quel sorrido e quello sguardo amico che non trovano altrove. Io mi sono ritirato nel silenzio dei libri e della scrittura, idealizzando una ragazza svanita da tempo, forse mai esistita veramente.

Quante vite si possono salvare, o anche solo cambiare con un libro! Quanta magia e quanto potere nella nostra mente complicata.

Leggere fa bene, fa crescere.

Leggere questo libro… vi farà sorridere.

Se volete conoscere qualcosa in più su di me e sul mio mondo seguitemi sui miei canali social. Troverete spunti di riflessione, idee da criticare e forse un sorriso.
A presto!

Considerazioni sulla serata ai giardini

Non sapere cosa fare è come il sentirsi troppo liberi. Un diversivo, in quelle lunghe e caldissime serate dell'estate bolognese, poteva essere l'isolarsi tra gli alberi dei Giardini Margherita. Portai con me 'L'autunno del Medio Evo', di J. Huizinga, ma non riusciva a catturare la mia attenzione. Provai sotto un albero, ma la vista delle formiche mi dava stranamente fastidio, mi distoglieva. Mi rifugiai sopra una panchina, ma il sole ancora troppo alto mi impediva di rilassarmi. In poche parole non riuscivo a trovare la giusta concentrazione per farmi trasportare dalle immagini medioevali, un po' pesanti a dire il vero.

Quello strano malessere che avevo addosso, poteva essere solo un velato senso di impedimento: non potevo fare altro che leggere.

Oltre al mio libro ed una matita, non avevo nessun altro strumento. La fantasia non mi dava alcun aiuto; i pensieri erano cupi e tutt'altro che allegri; lo stato emotivo era evidentemente alterato. L'immagine di Rosangela mi stava sfuggendo dalle dita, non potevo farci niente; avrei voluto fare molte cose ad Ostra, ma non avevo nemmeno la certezza di tornare il fine settimana. Ero vulnerabile; mi vedevo attorno una condizione incombente, grigia, molto più grande di me, contro la quale ero disarmato.

Avevo bisogno di sentirmi attivo, vivo. Tra le pagine del libro portavo della carta di fortuna; mi misi a scrivere come se dovessi vincere una sfida contro il tempo immobile ed indifferente, contro la mia condizione. Vennero fuori semplici pensieri, considerazioni. Non erano indirizzati a nessuno, ma la sera dopo mi venne in mente di spedirli a Simone B. visto che anche lui stava facendo il servizio militare; forse li avrebbe condivisi.

Seppi più tardi che questa strana situazione di non libertà, non era per lui un grosso problema. Si era adattato, come se si fosse automaticamente messo in stand by.

Non ho niente da cambiare a quei pensieri,

anche se non rendono bene l'idea del mio stato d'animo. Erano i sintomi di una malattia ora scongiurata. Perché nelle mie sicurezze, nella mia piena libertà, anche se momentaneamente latente, sono refrattario a qualsiasi assurda imposizione, ai ridicoli capricci di questi piccoli uomini.

Bologna, 21.09.1994

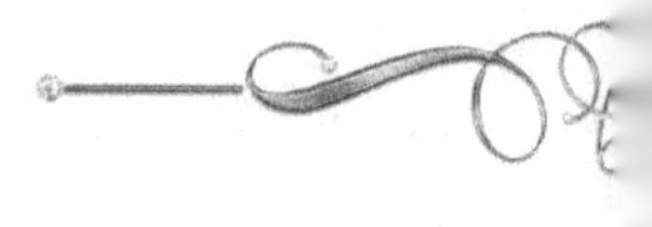

Giardini

Se leggo mi sento passivo, allora passo a comporre, anche su carta di fortuna. Per immergersi in un libro bisogna essere stancamente curiosi, volersi rilassare.

Ora sono stanco, ma di stare fermo. Troppo tempo mi sta scivolando tra le mani, senza poterlo fermare, senza lasciare qualche traccia sospesa da comunicare.

Brutta sensazione di impotenza ed incapacità. Potrei teorizzare, fare progetti, ma tornerei solo alla vita che ora non mi è concessa, al tempo che mi stanno rubando. Non ho certezze, solo speranze e preghiere, tanta volontà per recuperare terreno e posizioni, che passano adesso lontani da questi umori.

Bologna, Giardini Margherita, 3.08.1994

Incostante

È una realtà più forte dei miei voleri; sono spesso incostante, mi tradisco da solo. È correttezza questa? Ne esiste una che tutti riconoscano? Non è nemmeno coerenza; qualcosa, piuttosto, che somiglia a qualche malore, tollerabile, non curabile. Non sto allora a chiedermi perché mi fa male lo stomaco, perché non mi va di vedere nessuno: semplicemente non sto bene, non me la sento di recitare, di sorridere. È tutto normale, in un caporale ventenne più che mai, ma mi dà fastidio sapere le mie promesse poco affidabili, e quelle nei miei confronti in modo particolare.
Forse voglio fare troppe cose, forse ho poca pazienza. Rosangela non è l'unica a raccogliere tutte le sfide intriganti; ora posso capire anche la sua logica e certo non la biasimo. È

importante sentirsi vivi, prendere coscienza delle proprie capacità, ma ancora più importante è non confondersi con le creazioni della TV. Posso dirmi autonomo ed obiettivo? Qualcuno mi ha pure educato, guidato, condotto in un mondo che, per forza, deve apparirmi il migliore di quelli possibili. Questa è solo una strada che non sto percorrendo per primo; è una di quelle giuste, non ho più dubbi, ma come riconoscere le deviazioni? Posso, al momento, solo affidarmi al mio naso, ma l'ho appena detto: sento sempre troppi odori tutti insieme; non sempre riesco a concentrarmi su uno solo di loro. Devo adesso imparare a sbagliarmi il meno possibile, soprattutto meno degli altri.

Bologna, 18.10.1994

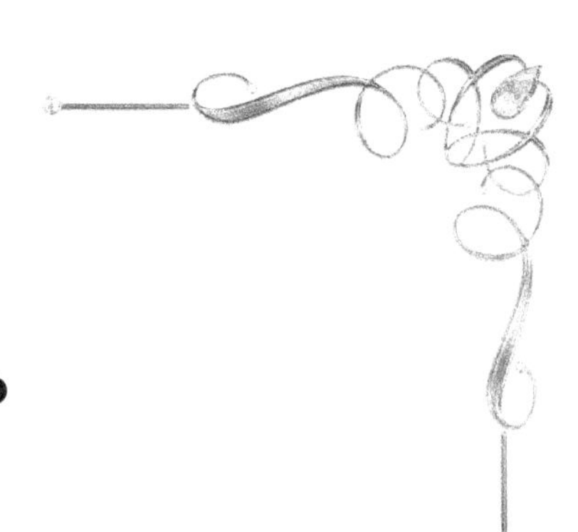

Libero

Vorrei uscire dalla catena delle imposizioni, più o meno velate. Vorrei deludere più gente, perché nessuno si attacchi troppo alle apparenze; per conquistare uno spazio vitale arioso, per essere giusto e sincero prima di tutto nei miei confronti. I miei progetti chiedono attenzione; spingono via, piano ed inesorabilmente, qualunque ostacolo, qualunque corpo estraneo. Devo solo lasciarmi guidare dalle tracce, dalle immagini e dagli indizi che da sempre sono il bagaglio essenziale di chi mi abita. I mezzi da usare nel quotidiano sono però materiali e troppo umani. Se vogliamo raggiungere qualche meta, dobbiamo in ogni caso ricorrere a qualche stratagemma.

Perché?

Perché mai niente è veloce ed immediato,

nemmeno la realizzazione delle intuizioni più semplici e brillanti?

Tutto questo è umano, ma molto innaturale.

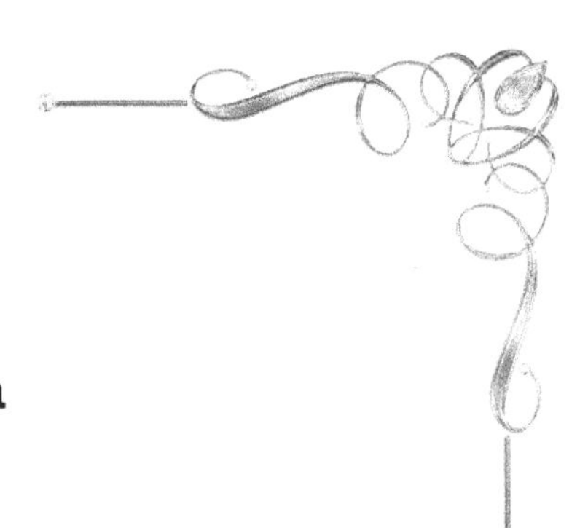

Futura

Il mondo che voglio è senza persone inutili e passive. Voglio aria pulita da respirare e tepore per crescere i bambini. Ognuno sceglierà di pagare i servizi che vorrà utilizzare. Nessuno farà elemosine, perché nessuno più le chiederà. La semplicità non sarà più guardata con diffidenza; gli affetti non saranno più nascosti. La musica sarà per tutti l'indispensabile stimolo rinnovatore, la scintilla che genererà nuove idee, che ci aiuterà a meglio vedere le storie che ci portiamo dentro.

È un'utopia, lo so, ma non c'è dubbio che verranno tempi migliori di questo; meno confusi, più saggi. Questa volta, però, ognuno di noi dovrà essere un iniziato, un piccolo profeta.

Su il suo naso

È come una pausa di riflessione, un ritiro isolato per digerire il bello e il brutto dei miei vent'anni. Ci sono le risate, ma pure i colpi alle spalle; accusati non poco, quasi sempre salutari. Sto pensando al breve passato messo via fino ad ora; forse inconsciamente sto tirando le prime somme e, con esse, i primi giudizi. In tutta onestà non posso rimproverarmi molto, ma ho paura che sia perché non ho mai osato gran ché. È il mio carattere diffidente che mi porta ad intraprendere solo avventure con un fine, se non certo, almeno ben prevedibile.

Mi accorgo però di ricordare meglio, e con più piacere, le stravaganze nelle quali mi sono buttato con ostinazione, con fretta, quasi in apnea; senza volere pensare alle possibili conseguenze.

Agivo sotto l'effetto dei miei stessi ormoni che ribollivano come un minestrone denso. Il fumo che ne saliva era pieno di icone sorridenti, ma le persone (ora lo so) cambiano insieme con il tempo. Allora che fare, cambiare anch'io? Così su due piedi? No: le mie convinzioni non hanno mai accettato compromessi. Con la coscienza che ora ho di me, del mio carattere, posso dire di non rimpiangere quelle piccole scelte, anche se fatte a malincuore. Ho infatti il difetto di affezionarmi subito alle persone che sanno colpire la mia attenzione, ed ancora oggi conservo dei piacevoli ricordi su chiunque abbia saputo strapparmi dei pensieri intriganti.

Una selezione naturale, fatta dal tempo sulle mie memorie, ha fatto si che gran parte dei ricordi più belli siano quelli della scuola. Di quel periodo cambierei volentieri qualche fotogramma, ma pensarci su non fa che rattristarmi. Sono comunque esperienze che torneranno sicuramente utili nelle lunghe estati che ancora mi aspettano.

È di quel periodo il sorriso che ricordo; anche la felpa che le faccio indossare è quella verde acqua con i puntini neri.

Portava sempre i jeans. Eppure c'era qualcos'altro che mi sfuggiva. Dopo averci pensato bene mi sono accorto di un simpatico sfondo, essenziale per ricostruire un'immagine fedele del suo viso. Uno di quei particolari che si vogliono catalogare come marginali, ma che sono i primi a pungerti e farti voltare, istintivamente.

Era il suo naso.

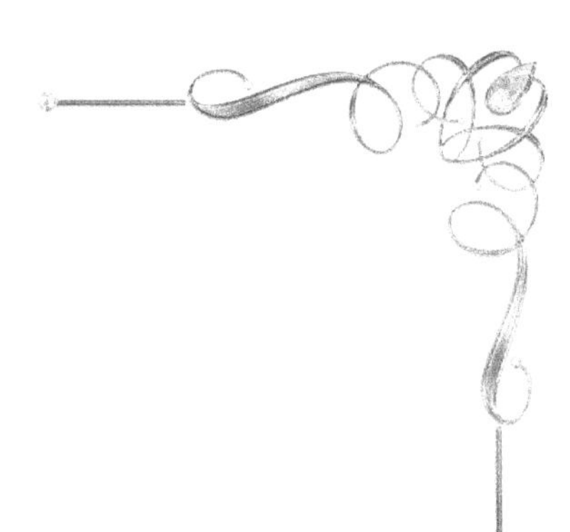

Nasi

È fondamentale colpire l'attenzione della gente che, ormai sempre più distratta, preferisce guardare dentro le vetrine tutte uguali, piuttosto che le nostre facce. Gli occhi non bastano più; abbiamo imparato molto bene a tenerli bassi, a nasconderli.

Il naso è lì, a chiedere prepotentemente attenzione. È un invito intrigante, e per me irresistibile, a pensare cosa possa mai nascondere un tale monumento, quale sia la sua vera funzione.

Non è un caso che i tuoi pensieri si spingano più in là di quanto non possano farlo quelli lanciati da un naso qualsiasi.

Sei estroversa e protesa verso gli altri; del resto anche lui è incredibilmente curioso; sempre ed inevitabilmente al centro dell'attenzione. Non serve fingere indifferenza, sforzarsi di guardare altrove: ci metterebbe in ridicolo scoprendo i nostri timori sciocchi, la nostra paura di prendere contatto con un corpo vivo.

È un naso da signori, non c'è dubbio. C'è classe nelle sue linee; mai volgare o fuori luogo, sa essere adunco quanto basta per mostrare la sua modestia sincera. Non sa separarsi da quel sorriso mai muto che gli sta sempre sotto, cornice semplice e divertente di un viso tutto da guardare.

Non riesco a pensare come una simile immagine si possa combinare con momenti di stanchezza, con i cattivi umori che pure avrai provati. Il naso non si farà mai da parte, ma resterà ad aspettare in silenzio, con discrezione, che ti accorga che con lui non sarai mai veramente sola. Sarà una compagnia sincera ed esclusiva, preziosa. Sarà il naso a darti quel tocco di personalità, che altri cercano in simboli stereotipati, inanimati. Non sarà un cappello a fare ricordare una persona, non una scarpa. Non sarà nemmeno un naso, forse. Potranno farlo, invece, i pensieri e le sensazioni che un naso come il tuo sarà riuscito ad ispirare.

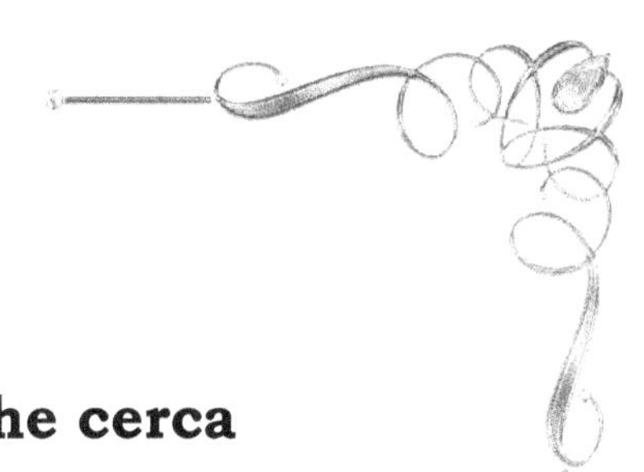

Alla signora che cerca

Quando avrai bisogno di riposo, quando avrai voglia di pensare a qualcosa di costruttivo, la mia musica ti potrà aiutare scavando e smuovendo dentro la tua anima confusa, ma non persa.

Spero di averti già lasciato qualche ricordo che valga la pena ricordare; spero di averti trasmesso un po' della mia natura. Se non altro avrai sicuramente fatto conoscenza con un angolo di mondo per te nuovo.

Che i miei ricordi ti accompagnino ovunque, come un'ombra discreta. E se avrai voglia di tirare a tardi con i ritmi che non ci appartengono, allora pensa a quanti sfruttano i tuoi bisogni primitivi, e quindi puri, di evasione, strumentalizzandoli e rendendoli uguali a quelli di migliaia di anonimi. Pensa ai ritmi del cuore.

Pensa al sole che ci nutre ed alla luna, suo alter ego. Pensa alle tue capacità, a come valorizzarle e materializzarle. Vola negli 'high places' di Mike Oldfield, dove sarai sicuramente unica e dove troverai gioie più gratificanti di quelle poche che ancora conosci.

Ostra, 24.09.1993

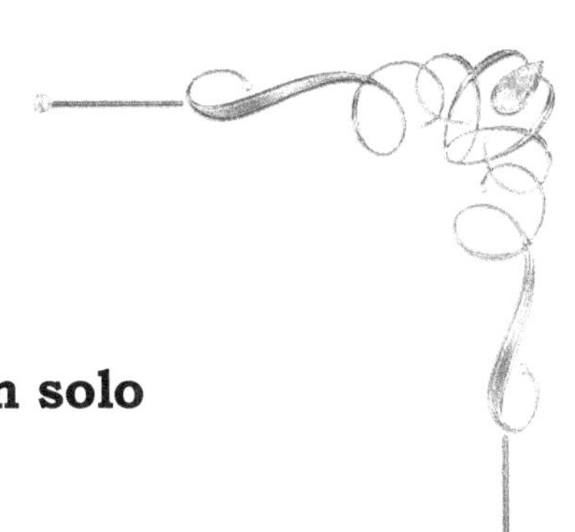

Stelle, e non solo

Magie di colori; colonne fluorescenti che segnano vie, smuovono idee. Canali di suoni armoniosi ed incompatibili che pochi sanno ascoltare. Insondabili come i buoni sentimenti, vanno ascoltati per quello che sono, per quello che suonano e dicono, per tutto quello che proiettano nelle nostre orecchie e nei nostri occhi. Stimoli e sogni; quasi sempre utopie; quasi sempre donne, veloci ed appassionate; grandi e silenziose, serie; dolci e chiassose.
Colori vivi; lucido abbandono nel buio della sera. Spengo la luce per non rovinare le stelle.

18.09.1995

A novembre

Novembre calmo come i suoi colori, caldo come un camino. Novembre per ritrovarsi, cominciare a parlare. I giorni di festa sono segnati dall'odore del mosto e delle ciambelle. Dentro il cimitero c'è meno silenzio del solito; l'erba è quasi sempre umida.

Pioggia fina e leggera ci accompagna nelle uscite, ci culla la sera. Novembre caldo, immersi nel fumo della Lampara, nel rumore che ci fa sentire meno soli. Ci racconteremo, ci conosceremo meglio; a novembre.

20.09.1995

A mio padre, a mia madre

Voglia mia madre che tutto questo sia in preparazione a qualche vita migliore. Se così non fosse soffrirei per niente.
Voglia mio padre che gli uomini ritrovino la parola ed il sorriso. Ne ho bisogno.
Voglia la piccola Jessica aggredire e portarsi via tutti i nostri problemi. Ne sorriderei.
Che siano benedette le mie lacrime passate. Sono sempre state sincere. E tu Dio preparati una buona giustificazione per tutto questo.

Tuo Lucio
13.01.1996

Se ti prego così

Ti prego per le mie giornate vuote; per il mio cuore che non va a tempo e non riesce a mantenere nessun sincronismo: conservalo così.

Ti prego ma poi mi distraggo, e allora non bastano le intenzioni. Mi servirebbe un input, un bel calcio; lacrime che lavino via tutti i risentimenti.

Mi servirebbero chiese con musica da ascoltare, aperte non solo per la messa e per i rosari. E un po' di silenzio.

Ti prego per tutto questo ma ti avverto, a modo mio.

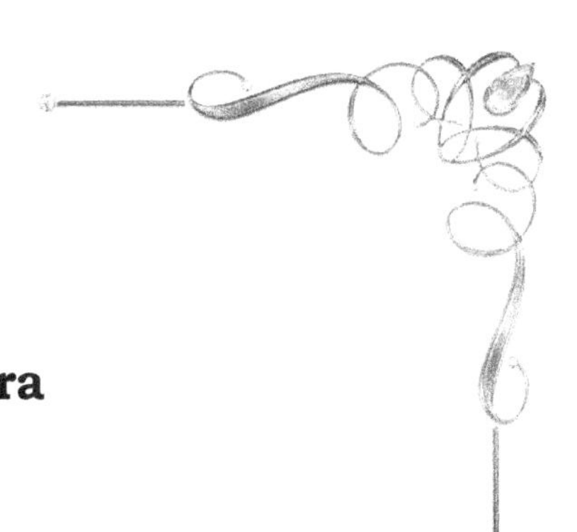

Preghiera

Grazie per la calma.

Grazie perché i miei sensi possono riempirla.

Grazie per la musica, sottofondo discreto e rassicurante.

Grazie per le parentesi belle tonde, perché posso metterci dentro tutto quello che nessuno vuole sentire.

E grazie per le chiese quando sono silenziose. Mi hai sempre accolto a braccia aperte.

E ancora, per il mare che non conosce fretta, per il cane che mi vuole bene anche quando sta male.

Per il fuoco che mi scalda i piedi e lo stomaco, per l'acqua che mi lava.

Grazie a te, padre mio, perché anche se mi conosci non mi giudichi né disprezzi mai.

Tuo Lucio

13.01.1996

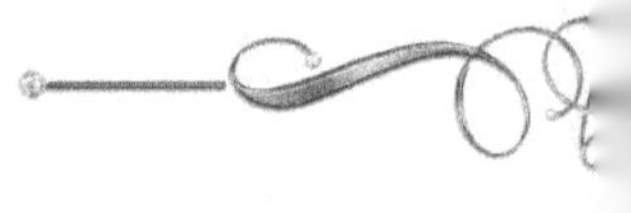

La vitesse de l'essaurage

La vitesse de l'essaurage. Non c'è dubbio: i francesi sono degli artisti. Quanto meno hanno una gran classe. Capita di rimanere incantati dal loro accento, dalla loro cadenza. È così siamo onesti. E allora significa che in quei momenti sono migliori di noi (saranno forse quei momenti particolari nei quali il sole li illumina con l'angolazione più adatta a far risaltare le geometrie del loro volto; saranno quei momenti nei quali lo sconforto prende il sopravvento; saranno forse quei momenti nei quali ci sentiamo particolarmente altruisti e disposti non solo ad accettare ma persino ad ammirare le diversità altrui ma siamo onesti, quei momenti li conosciamo tutti).

17.01.1996

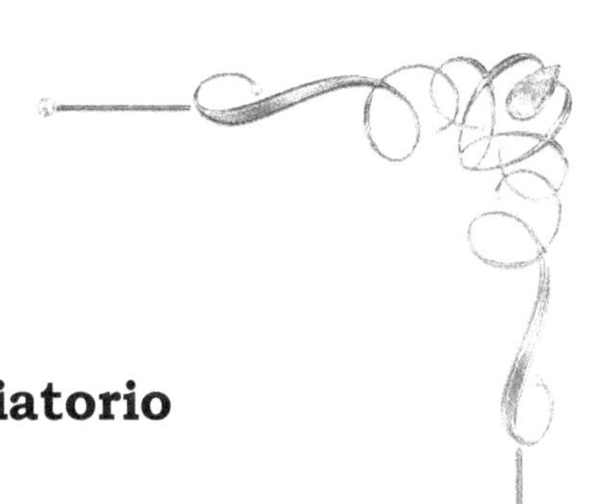

Il Capro Espiatorio

Mi capita di pensare seriamente che l'unico lavoro che nobiliti l'uomo sia quello del Capro Espiatorio. Egli solo è consapevole della miseria e della debolezza dell'intera umanità. Solo egli ne coglie le pene e sa assorbirne gli sfoghi. Solo egli compatisce ogni sventura e sa muovere a compassione a sua volta.

Egli conosce bene la natura di questo sentimento; sa che un uomo che prova compassione si illude di essere superiore al compatito, sa che gli infonde forza e coraggio. Non posso che constatarlo: il Capro Espiatorio non è un mestiere; è una missione.

(vedi Daniel Pennac, vedi)

31.01.1996

Un amore che finisce

Non è vero che gli amori possono finire con buona pace di entrambi.

O almeno: non è possibile se tra uomo e donna c'è stato un legame fatto di complicità, di lacrime e fiducia, di carezze che fanno più bene di qualsiasi alchimia. Penso sia inevitabile: più energia e più cariche si accumulano, più l'esplosione che ne deriverà sarà eclatante e spaventosa; paralizzante, acre di odore.

02.02.1996

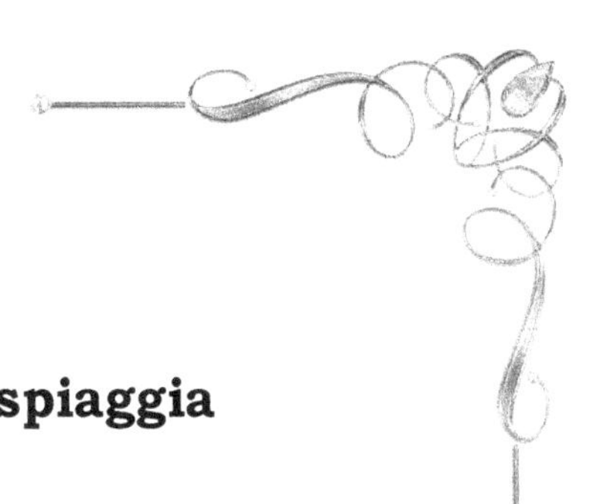

Bambini sulla spiaggia

Sono belli i bambini che giocano. Corrono e ridono e non si stancano mai. Grazie Dio. E grazie per il mare con le onde grosse. Per il vento che sale e che mi fa stare zitto.
I gabbiani cavalcano qualche corrente invisibile. Tutti quanti dovrebbero lasciarsi andare così. Grazie per tutti i ricordi belli su cui posso contare. Doni unici e preziosi che non sciuperò.

22.06.1996, a Senigallia

Poteri

Non c'è coerenza, non c'è logica in un sistema di potere miope ed ostinato. Gli obiettivi sono quelli dell'interesse, della formalità estetica; l'ostentazione di efficienza mentre le radici sono ormai ridotte a fossili. Non importa quello che può costare, gli stratagemmi usati. La disciplina imposta può accomodare tutto, non sfuggiranno voci e tantomeno lamenti. Agli operatori va gridata la buona disponibilità del Regista; i ringraziamenti sono dovuti.

È un trascinarsi, un triste sopravvivere, ma in compenso si ha la sicurezza del rispetto; dovuto, mai sincero. Non è concepibile che una persona possa vivere solo di queste falsità, eppure vi è chi ne ha bisogno per sentirsi uomo.

Da fuori non è mai possibile capire il vero degrado di una organizzazione accentrata sulla violenza, blanda in tempo di pace, crudele e senza lacrime per nessuno in caso di necessità. Dall'interno si osservano gli eventi da angolazioni diverse, in genere più basse. Si prende contatto con la realtà che non si scorge dalle mollezze di un trono di cuoio.

Non esistono più obiettivi ai quali tendere con strumenti improvvisati, non importa se di natura vivente, facili da manovrare e controllare. Un radicale rinnovamento metterebbe in discussione troppe vite, troppe consuetudini e privilegi dei quali nessuno più si vergogna.

Ogni organizzazione, di qualunque dimensione essa sia, necessita di un sistema di autodifesa, ma questo non può rimanere immobile mentre tutte le posizioni intorno stanno cambiando. Per rinnovarsi ed essere di aiuto alla vita, non servono manovalanze rassegnate, ma menti fresche, lasciate libere di creare strumenti nuovi, compatibili con i ritmi esterni al castello. Solo chi coglierà le vere esigenze di una simile struttura, sarà all'altezza di guidarla.

Bologna, 16.09.1994

Immagini

In fondo non lasci nemmeno profumi, niente da volere ricordare; molto che non potrò più cancellare. Ti normalizzerò, ti vomiterò fuori; ti guarderò dall'alto, senza confondermi più. So già che non riuscirò a rimanere indifferente; se non potrò amarti, allora ti odierò: mi farà meno male che il desiderarti.

Tu no, te ne andrai tranquilla, senza una lacrima, senza un sorriso da portarti via, nessun contatto da ricordare. Poche cose ti ho lasciato, forse anche confuse.

Impegnata come sei, avrai poco tempo per sfogliare le mie lettere, forse per te sono solo un'altra sfida vinta. Il perdente sono io.

Questo dal tuo punto di vista. Qualcosa ho vinto anch'io, sai. Molto sono cambiato in quest'anno; si vede dagli occhi, si vede dal cuore. Mi conosco meglio.

Stasera è fresco, Gamma Radio manda musica eccezionale, ma la domenica di domani non segnerà un giorno di festa. Tutti i giorni sono uguali qui. Festa ci sarà dentro di me, pensando al Kefir, alle mie suolette nuove, ai biscotti di mia madre. E forse penserò anche a te, ancora nell'illusione di poterti avvicinare.

Stanotte non voglio dormire; è un peccato. L'aria è fresca e la musica grandiosa; solo i tempi sono sbagliati. Correggerò anche quelli, con il silenzio e con la pazienza che mi predicava mio padre; ma allora non potevo capirne il significato.

16.06.1994

Dopo di lei

Ecco, non c'è già più. L'ho desiderata, ma poi anche ignorata. Non penso di averla cambiata; forse nemmeno scalfita.

Accennerà il solito sorriso quando mi rivedrà e non saprà dire altro che un ciao qualunque. Quante cose mai dette dietro quel ciao. Anni passati a sognare, e nessuno che abbia avuto la pietà di svegliarmi. Per lei anni passati a giocare, a misurare i suoi poteri, a collezionare trofei.

L'ho vomitata e poi l'ho normalizzata, come mi ero promesso.

Ho vinto io.

Bologna, 15.08.1994

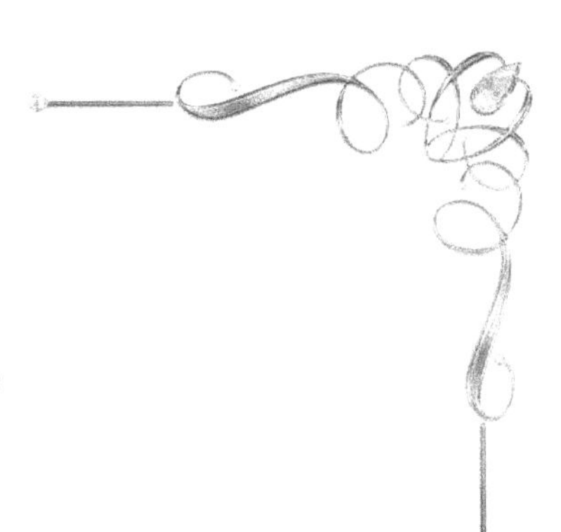

Il bene

Non sempre vogliamo il meglio per noi stessi. Ci sono periodi nei quali è particolarmente facile allontanarsene, una scelta dopo l'altra. Penso alle sigarette di tendenza, al fumo di auto e moto troppo veloci per le nostre menti stanche, alle musiche frenetiche, portatrici di certezze a buon mercato; allo stringere in mano i superalcolici, come se fossero la fonte della nostra forza. Inebriati da questi strumenti di potere, è facile confondersi e diventare sordi ai messaggi che lancia lo Spirito che ci abita o, peggio, che provengono dalle lacrime di chi, impaurito, resta in disparte. Lacrime nascoste, senza il coraggio di chiedere aiuto; quasi per non disturbare.

Non sappiamo più curarci perché non ci conosciamo abbastanza. Solo inconscio è rimasto il richiamo della musica del cuore, quella che ogni madre fa ascoltare al suo bambino avvicinandogli istintivamente la testa sulla parte sinistra del petto. Gesti e bisogni come questi mi fanno pensare che molte cure ed intime attenzioni abbiamo ormai dimenticato, troppo presi nello scappare; ognuno da qualche senso di colpa, dagli spettri di chi o cosa abbiamo lasciato morire.

Pensieri come questi vengono facili, liquidi, quando mi trovo davanti agli ulivi, ai pini ed agli abeti, con la musica del Subasio ad incoraggiarmi. Se non è vera vita, è comunque un angolo sicuro, dal quale attingere serenità e forza. Positivo, nelle mie certezze incrollabili, sono inattaccabile da qualsiasi cattivo pensiero.

Ostra, 05.09.1994

Le vere vittorie

Non hai vinto tu. Non ho sentito nessun dolore; direi piuttosto stupore, quello stato d'animo di chi è stato escluso con troppa leggerezza. Ho gridato aiuto, anche disperato, ma non avevi mai abbastanza tempo, voglia, cuore o coraggio, chissà, per ascoltarmi. È una vittoria questa?

A me sono forse mancati personalità e carattere, ma a te è mancata la lealtà e la pietà di fermarmi per tempo. Non c'era nessuna sfida da vincere; ti sei accanita inutilmente.

In compenso posso dire di essere cresciuto in mezzo a tutto questo caos; sicuramente cambiato. Forse incattivito, più pratico e vigile, ma mai abbastanza, già me lo vedo, per non farmi fregare ancora da un sorriso che non conosco. Penso debba essere così, senza censure, senza esitazioni che potrebbero precludere momenti di felicità, magari brevi ma veri, indimenticabili, vitali.

Tu di me non hai nessuna immagine da ricordare; è questo che mi rattrista. Quando penso a te, la mia attenzione va subito alle ultime righe che mi hai spedito, fredde e definitive. È chiaro che non t'ho nemmeno scalfita. Non era mia intenzione cambiarti. Volevo semplicemente renderti partecipe dei miei sentimenti migliori. Erano pensieri e bisogni di un egoista? Di sicuro erano pensieri e bisogni solo miei. A te bastava una valvolina di sfogo che funzionasse puntualmente su principi meccanici; ti aggrappavi alla matematica pur di essere lasciata sola. Senza crederci.

Prima o poi leggerai tutti i pensieri scritti in tua assenza. Già da adesso non li terrò nascosti; è un peccato.

Adesso guardo avanti. Non vedo praticamente niente, ma non per questo mi spavento; non rimpiango chi è rimasto indietro. Non posso; vivrei in funzione del passato, di vecchie fantasie. Non sarai mai una foto stretta in un portafogli; sarai invece una miriade di ricordi, di sensazioni strane; un rompicapo senza soluzioni, un urlo di rabbia.

Lettera senza data, spedita nel settembre 1994

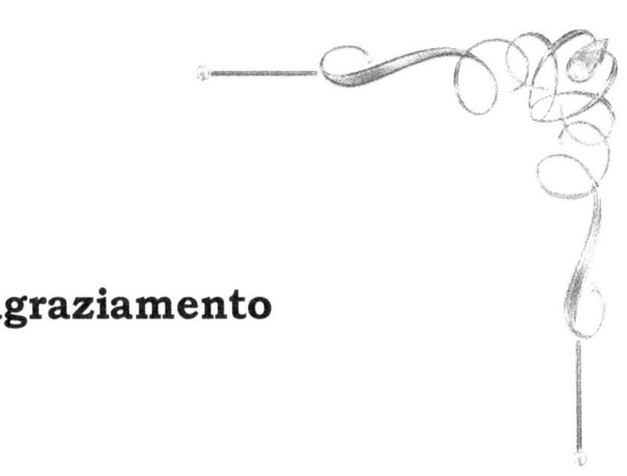

Ringraziamento

Quella che qui ho chiamato 'Le vere vittorie', è stata l'ultima lettera spedita a Rosangela. Dura, forse vendicativa; sicuramente catartica. Non mi aspettavo reazioni diverse dalle sue solite: misurate e pacate. Un sabato mattina, invece, tornato da poco da Bologna, il postino è venuto a consegnarmi una busta familiare, con il solito scarno indirizzo. Non riporterò niente di quelle parole suonate nella semioscurità del salotto. Ho voluto considerare quel plico un gesto intimo; immagino le sia costato anche un buono sforzo di volontà. Anche per questo voglio che rimangano pensieri solo miei. Non esporrò la sua anima nuda alla curiosità di alcun lettore. La commozione è arrivata solo più tardi, sul treno che mi stava allontanando da tutto quello che più mi è familiare, da quelle poche certezze che mi sostengono.

Ripensando a quelle parole, a tutta l'incredibile storia, ridicola e buffa, ma tanto dolce al ricordo, non sono riuscito a trattenere le lacrime. Il foglio sul quale stavo cercando di fermare quelle emozioni si è bagnato, ma ho continuato a scrivere imperterrito, per alleggerirmi.

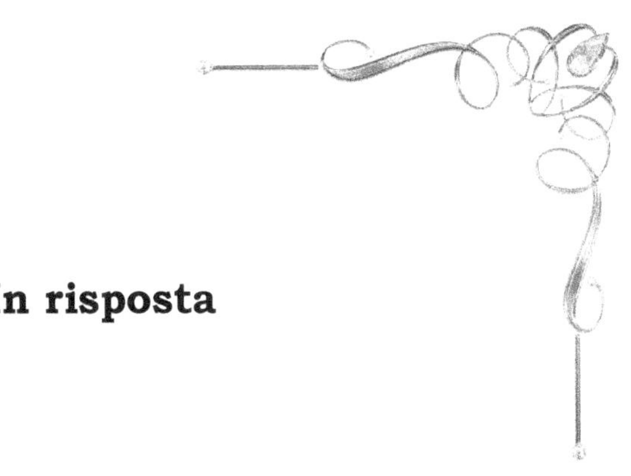

In risposta

Un gesto gentile, delicato. Non mi aspettavo nessuna risposta questa volta; mi hai sorpreso ancora. Grazie per avermi voluto regalare un ultimo ricordo di te; solo parole, ma finalmente sincere. Ti sei congedata in grande stile; sei riuscita come volevi, immagino, a mettere in secondo piano tutti i ricordi tristi e pesanti.

Grazie per avermi fatto crescere. Non so immaginare come avrei potuto altrimenti, a chi mi sarei aggrappato nei momenti più difficili. Anche se non te ne rendi conto sei stata un punto di riferimento importante e nello stesso tempo un termine di paragone, uno stimolo per migliorarmi. Vorrei tanto rivederti per guardarti finalmente con serenità; per dimostrarti che non ti porto rancore e che ho ormai poco da rimproverarti.

Capisco adesso che le tue scelte sono sempre state autonome; il tuo grado di maturità ti ha permesso di sbagliare poco. Erano semplicemente scelte diverse dalle mie; non lo riuscivo ad accettare.

Di questo fine estate non ricorderò il caldo di Bologna, nemmeno le divise verdi. Già da ora posso selezionare due immagini: le facce di Paolo e Cristina e l'augurio che mi hai scritto, il dono più bello che mi potessi fare. Non capisco quali paure abbia di rivedermi, non voglio nemmeno pensarci. Da parte mia non forzerò più gli eventi. Ci saranno sicuramente nuove occasioni per parlare, per guardarti negli occhi come non ho mai fatto. Forse mi verrà anche da piangere, ma non me ne vergognerò più.

Pensieri da un Espresso,
la sera del 18 settembre 1994.
Mai spedita.

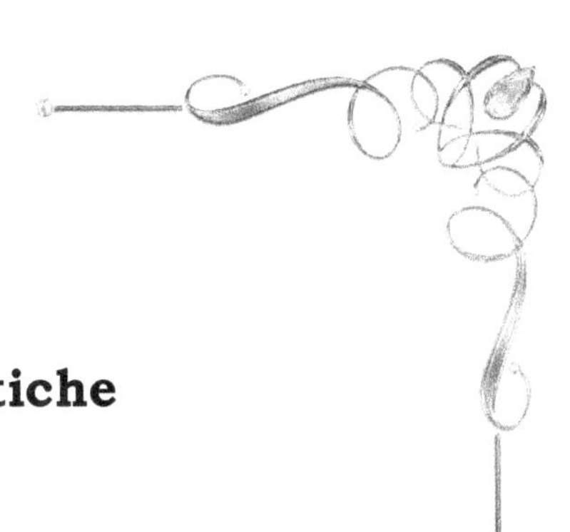

Caratteristiche

Non sono molte le persone con le quali potere condividere ogni sentimento ed ogni pensiero, senza condizioni. Un rapporto simile è possibile solo con chi abbia il nostro stesso carattere, o tra due persone complementari, o, infine, tra due che siano disposti a venirsi lealmente incontro.

Il primo caso è quello più immediato; implica un'impronta egoistica che forse non ammetteremo mai, ma è quella che ci conserva intatti nelle avventure pericolose, nelle scalate al successo, quella caratteristica che prima o poi ci farà sentire soli.

Due caratteri complementari sono invece un equilibrio perfetto, incrollabile. Una tale simbiosi rimane spesso solo un modello a cui tendere, ma non è raro trovare situazioni simili, seppure con un umano margine di oscillazione.

L'ultimo caso presuppone una disponibilità al dialogo non indifferente, ma anche un senso critico sviluppato, che ci corazzi contro ogni intrusione, che preservi la nostra autonomia.

Capita molto spesso, invece, di avere a che fare con persone che, in condizioni di piena libertà, senz'altro eviteremmo.

Come comportarsi allora?

Che maschera indossare?

Personalmente provo a non recitare, cioè a non dire, a non fare, ad aspettare il momento migliore per piazzare un lampo di personalità, per scolpire tracce.

Bologna, 08.09.1994

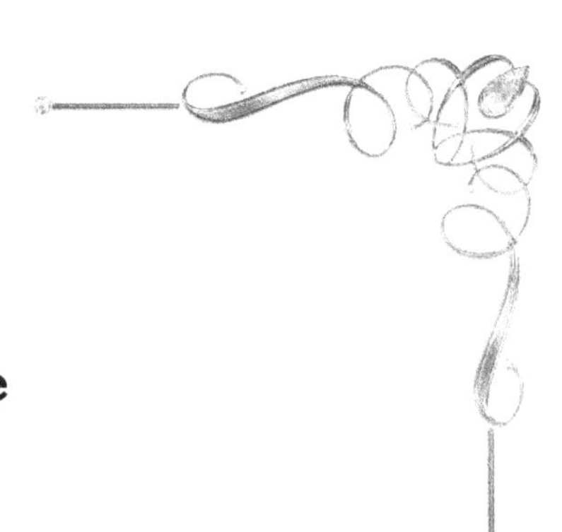

A volte

Sono frequenti i momenti di sconforto; mi sento gravemente solo, ho fretta di lasciare tracce, di farmi ricordare, di far pensare. Non è stando passivo ed immobile che posso ottenere un simile risultato. Ma come fare se gli oggetti dei miei sogni più belli sono lontani dalla mia condizione? Momenti di indecisione e sbandamento come questi, si alternano a sprazzi di fiducia simile a fede; fiducia nelle mie capacità, nelle mie scelte.

Possibile sia ancora così instabile? Quando smetterò di vedere tutto e tutti con gli occhi di un bambino?

A dirla tutta, però, se per raggiungere la serenità devo abbassarmi a crescere con i canoni che mi vorrebbe imporre la TV, piegarmi ai ritmi mediocri delle vie, allora preferisco cambiare sogno. Non voglio aspettare che qualcun altro mi spinga avanti; mi mortificherebbe. Tanto meno ho la pretesa di cambiare i pensieri al genere umano.

Molto più semplicemente, ed egoisticamente, vorrei per me e solo per pochi altri il migliore dei mondi possibili, un mondo a numero chiuso, insomma; il selezionatore sarei io.

Qualcosa del genere somiglierebbe molto ad una dittatura; se è questo quello che voglio, allora si che devo preoccuparmi.

Devo invece sapere attendere il mio momento; osservare, intanto, conoscere l'ambiente in cui devo nuotare, per sapermi difendere dalle onde grosse quando non potrò evitarle. Per il momento, è meglio mangiare un gelato.

Bologna, 27.09.1994

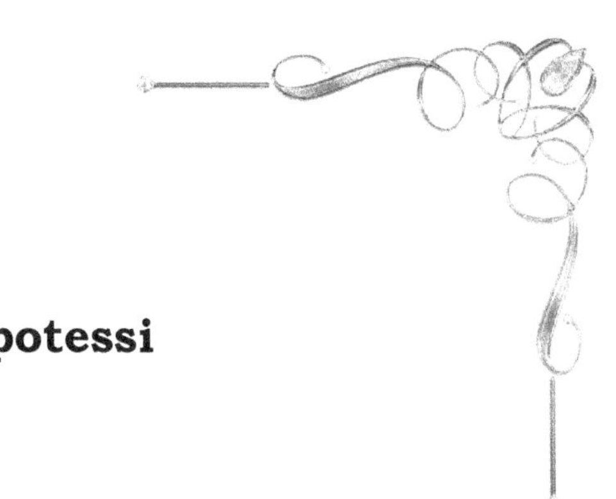

Se potessi

Oggi ci hanno pagato. Qualche ora fa sono uscito per regalarmi due libri e due dischi. Ho selezionato dei buoni prodotti pur contenendomi nel prezzo. Non è questo l'episodio fondamentale della giornata; direi che ne è solo lo spunto, il pretesto che non ho cercato io.

Ritornando sono passato davanti alla chiesa dei Celestini, lungo via D'Azeglio. Il portone esterno era aperto; usciva luce. Sono entrato come per trovare un po' di calma e silenzio, sensazione ricorrente quando mi trovo nei luoghi sacri. Lì dentro era caldo; mi sono dovuto aprire il giubbino e slacciare il collo della camicia. Mi sono seduto sull'ultima seggiola, in fondo. Mi piace osservare le persone senza essere notato, progettare nuove idee, pregare a modo mio e parlare con Dio.

Immagino sia solo una questione psicologica, ma sta il fatto che tutto questo mi rilassa incredibilmente e mi riporta con la mente agli anni passati, quando la domenica era ancora festa, quando nostra madre ci incappucciava per bene e ci accompagnava in chiesa o al cimitero. Che bello era. Fuori era freddo, il naso gocciolava, ma il cappotto mi dava sicurezza e poi avevo persone grandi vicino, quelle che amavo. Oggi, qui a Bologna, c'è più o meno lo stesso clima.

Uscendo da quella chiesina ho sentito forte la mancanza di un luogo familiare dove rintanarmi, dove cercare ristoro per i piedi, per lo stomaco; per lo spirito. Avrei voluto parlare con qualcuno con il sorriso sulle labbra, che mi trasmettesse un po' di calore. Sono quassù, invece; in questo ufficio stretto che puzza di fumo, con il solo conforto della musica. Eppure non è poco quello che ho. Sabato sarò di nuovo a casa, domenica mangeremo tutti insieme; forse mamma ha già fatto le ciambelle con il mosto.

Bologna, 05.10.1994

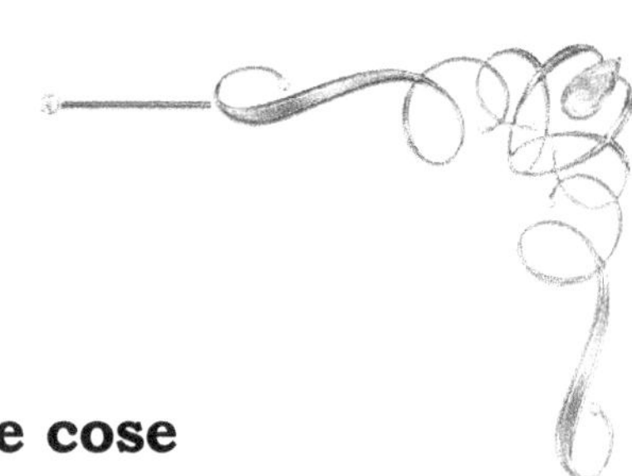

Il fondo delle cose

L'ultimo morso di un panino caldo, l'ultimo minuto dentro il letto, le ultime note di una bella canzone; sono tutti momenti di un sapore particolare, rassicurante, un po' nostalgico. Per quale motivo mettiamo la maggior parte dei nostri pensieri migliori proprio nel fondo delle cose? da chi li vogliamo nascondere, ce ne vergogniamo? Le ultime parole di Rosangela, le lacrime dell'ultimo giorno a Bologna; sono proprio questi i momenti che ricordo più volentieri; sono questi i momenti più belli, ognuno con una premessa diversa, sempre intensa. E sono proprio questi concentrati di vita vera che nutrono l'anima che ospitiamo; forse anche le molte verità che cerchiamo riposano sul fondo di semplici principi che non sappiamo più vedere.

L'ultimo sorso di vino, le ultime sere d'estate, l'ultimo legno che brucia nel camino. Di questi e di tanti altri momenti simili siamo testimoni ogni giorno, ma dopo averne goduto, ne portiamo qualcosa dentro? Rimaniamo indifferenti a tanta vita che passa? Troppo spesso si; andiamo quindi alla ricerca di emozioni più forti e vistose, che anche i nostri sensi stanchi possano percepire. Una corsa al rialzo, chiassosa; io continuerò a scrivere, e a stravolgere più persone che potrò.

11.12.1994

Intorno una lettura su Mosè

Sono uscite parole di metallo, calde. Erano le mie? Ho recitato con un gusto nuovo, provando emozioni strane e coinvolgenti, sentendo brividi freddi fino ai capelli. Il suono che producevo era di colori diversi; un verde smeraldo prima, poi blu cobalto, un rosso sangue. Le parole di Mosè sono suggestive; il significato che nascondono inquietante. Un iniziato come gli altri grandi, ma con un'immagine forte ed imperiosa, ormai nell'immaginario di tutti, che non va contraddetta. Anche Michelangelo ha conosciuto la luce del Divino; forse anche lui sapeva evocare, attirare e concentrare energie sconosciute capaci di plasmare e folgorare. Miracoli? Solo fenomeni elettrici?

Non so dirlo. Certo non è stato il primo, e prima

o poi qualcun altro s'accorgerà delle capacità che abbiamo in potenza. Forse risvegliarle è il nostro compito, per ritornare alle nostre case dopo avere conosciuto l'unione con la Natura di Eva e con il potere materiale del serpente. Nessuno può dirsi completo senza avere conosciuto esperienze simili. Molto tempo abbiamo per farlo, molte vite a disposizione.

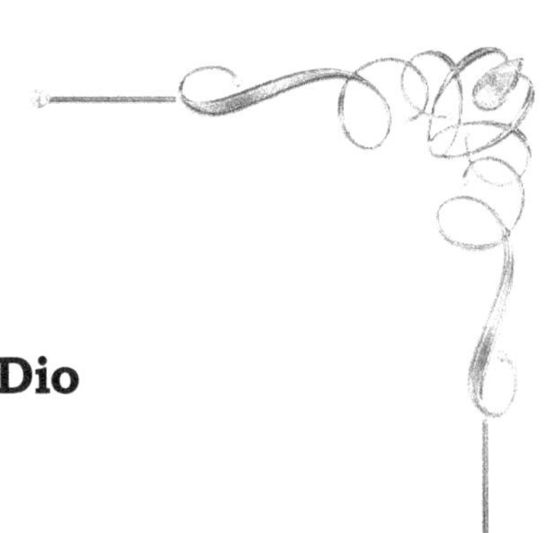

L'alito di Dio

Fermate i momenti nei quali vi sentite bene. È un bene che non dipende né dalle persone né dai colori che vi circondano. È un sentimento che troverete uguale agli antipodi del mondo creato; dentro un germoglio verde come dentro gli occhi dei vecchi che si credono bambini.
Solo in certi momenti, però. È bello ed è santo; è Dio che si agita in Voi; come un filo d'aria che filtra tra i capelli quasi senza muoverli, ma un po' meno.

Senza data

Le osterie

Non so cenare a pane e vino; diffido anzi di queste osterie. L'ultima, ad Ostra, l'hanno chiusa prima che mi rendessi conto della sua esistenza. I vecchi pensionati sono stati lasciati fuori; non solo dal portone di Rosina, ma da tutto un mondo che viaggia con ritmi spediti, puntando al profitto, allo spettacolo. Seduti all'ombra del portico di San Francesco, non guardano la torre, non aspettano nessuno. Pensano forse alle stagioni confuse, alle troppe macchine che li spaventano. Quando li incontro con gli occhi, sempre da lontano, mi fanno pensare; alla perfetta organizzazione della quale ci circondiamo, alla sua inutilità quando non avremo più fretta.

Diffido delle osterie; mi fanno desiderare un mondo scomparso che è inutile emulare.

Certo era bello, ma è bella anche la morbida New Age; è bello anche poter contare su un computer.

Rimarranno comunque i nostri pochi ricordi, i libri di Hesse, le parole di De André. È questa la storia che, forse ancora troppo contemporanea, nessuno ci sa insegnare.

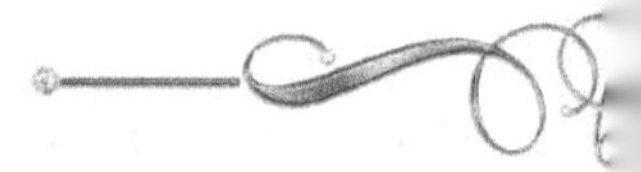

Presenza / Assenza

Mi chiedo chi sia più presente, se un amico lontano che viene evocato ogni qualvolta si cerchi un appoggio, approvazione o sicurezza, o una persona fisicamente vicina che, per voler essere troppo presente, finisce con l'invadere gli spazi vitali dell'altra. Non occorre proporsi in maniera insistente (svendersi?); darsi in tutto e per tutto, si, senza aspettare che ci venga chiesto, ma con discrezione. Nessuno di noi vuole essere più curato come nell'infanzia; abbiamo bisogno non solo di camminare da soli, ma di correre.

È il cercarsi reciproco che distingue un'amicizia, la sincerità nuda, il sapere rispettare l'altra persona, ma anche il carattere non esclusivo. È fondamentale sapersi staccare dalle persone, avere la capacità ed il coraggio di sentirsi e vedersi soli; non come una condizione, ma come un punto di partenza stimolante.

In due amanti è diverso; due amanti non si distinguono, sono una cosa sola, una sola vita ed un solo modo di affrontarla. In entrambi i casi vale una verità fondamentale: non si può mai essere più di due alla volta.

19.12.1994

Vita nuova

Fu uno schianto tra l'indifferenza delle querce e dei castagni; senza luce, senza avere il tempo di chiedere perdono a nessuno. Al funerale c'erano molte più persone di quante loro non ne avessero conosciute in quei pochi anni. Andrea e Marta erano ragazzi anonimi, non molto diversi da quelli che stavano ora piangendo. Piangevano sui loro sorrisi, sui loro occhi, sulle loro voci già lontane, ma certo piangevano anche sui propri destini. Tra quell'umidità catartica per il cielo, apparivano adesso angoscianti, ancora imprecisi e tutti da costruire nonostante il gran rumore conosciuto fino a quel momento.

Mauro non riusciva più a sostenere quella tristezza; gli mancava qualcosa, qualcosa che lo costringesse a lavorare domani. Si sentiva stranamente libero dai piccoli vincoli che si lasciava imporre prima di quello schianto. Era stata, la sua, la morte di una vita segnata da troppi compromessi e troppi si, cresciutagli attorno come non poteva prevedere. Ora, nel ricordo di Andrea e Marta, tutto gli sembrava più semplice e chiaro. Salì sulla sua macchina e si allontanò da quei pensieri troppo nuovi che un poco lo spaventavano.

Il cimitero, con la pesantezza del vecchio mondo, era ormai lontano. Ne era felice.

Guidava la sua auto verso qualcosa; non sapeva bene che fosse, ma non voleva tirarsene indietro. Il silenzio della campagna che lo attendeva, gli avrebbe chiarito tutto.

La nebbia rendeva la strada umida; le foglie cadute dalle querce e dai castagni formavano un impasto scivoloso dal colore triste.

Una moto procedeva nella stessa direzione di Mauro. I due ragazzi in sella guidavano lentamente, assecondando tutti i cambiamenti della piccola strada che li avrebbe condotti alla sicurezza di case che conoscevano, di vite che avevano imparato a tollerare.

Mauro superò quella moto; aveva fretta di sapere, di agire secondo canoni nuovi. La strada era stretta; quando l'auto scivolò, Mauro non seppe controllarla. I due ragazzi finirono in terra, assieme alle loro certezze. Mauro si fermò spaventato e tornò indietro. Illuminò con i fari i corpi che si era appena lasciati alle spalle; scese. Un brivido lo percorse. Non era paura, ma qualcosa che somigliava a troppa leggerezza, sensazione disarmante. Aveva ucciso i suoi vecchi amici. I corpi di Andrea e Marta giacevano a terra, ma senza sangue.

02.01.1995

La cornice in fondo al letto

È bene che quella cornice rimanga vuota. Vuota non come una campana di vetro; vuota piuttosto come un bicchiere. Ho già bevuto di quel ritratto mai appeso: amaro e forte, ma mai inebriante. Ora quel bicchiere è sufficientemente asettico per accogliere un altro vino. Pronto ad ubriacarmene con gusto, lucidamente e senza paure, guardo quella cornice vuota con un sentimento di sfida; non agguerrito, ma pronto a combattere.
Cornice da riempire di buoni sentimenti, di luoghi indefiniti dei quali godere; non di trofei.
Cornice sempre vuota, stimolo che mi assorbe. Scopo a cui tendere, traguardo da raggiungere solo per spostarlo più avanti.

03.09.1995, a Senigallia

Come se dovessi morire domani

Sono state tante le indecisioni; e tanti sono pure i rimorsi. Rifarei tutto, passo dopo passo, ma meglio. Mi dispiace lasciare questi casini perché ho ancora tanto da farmi perdonare e tanto da spiegare. Ancora di più mi dispiace vedere qualcuno soffrire per me. Quindi caro fratellone tocca a te e Orietta (auguroni per la tua primavera di settembre), tocca a voi consolare mio padre e mia madre. A Jessica, di me, fate vedere solo le foto più belle, e i nonni... a loro farò molto male. È di queste cose che più mi dispiace.

A Paolo, Simone e Mirco, gli unici personaggi che mi sento di chiamare amici, voglio dire grazie per avermi fatto divertire tanto in così poco tempo e perché non mi mandano mai a quel paese, nemmeno dopo che li pianto e sparisco.

A Rosangela un grazie per avermi fatto crescere e, mia cara, spero non sia stato a spese tue.

A te, Marina, che invece sei di poche parole, ti dico solo di non cambiare mai; o quanto meno non troppo, perché sei giusta così.

Non aggiungo più nessun altro, ma il mio cuore è pieno di persone e di ricordi. E quando anche il cuore marcirà porterò tutto via con la mia anima. Quella nessuno me la può togliere.

Scusatemi se non vi ho voluto bene abbastanza.

Lucio, 3 maggio 1996

Non essere sciocco

Se gridi e ti arrabbi, fai sentire solo quanto sei sciocco; se ordini senza chiedere e se pretendi il superfluo, fai solo capire quanto sei impotente ed incapace. Se sbagli e cerchi una giustificazione e se a domanda non rispondi, dimostri di avere le idee confuse e poco carattere.

Se ti imbatti spesso in tutti questi errori e nemmeno te ne accorgi, allora non conosci né amore né tanto meno affetto.

31.01.1996

Bravo ragazzo

Sono un bravo ragazzo, come no; un buon amico non lo so. Di sicuro non so capire le persone. Non tutte, quasi nessuna.

Ma come si fa, come cavolo si fa a fingere così spudoratamente. Prima le cattiverie, anche pesanti, gli scherzi che divertono solo chi li fa. Poi i comportamenti ruffiani. Come cavolo si fa. Non ci capisco più niente. Anzi, è come se vedessi tutto bene e più chiaro di chiunque; è come assistere ad una rivelazione, ma sei tremendamente solo.

Sarà che stasera ho mangiato male ed ho bevuto troppo, ma vedo tutto così chiaro. E mi sento un po' più solo.

02.08.1996

Pillole

Sono stato incattivito dal tempo e dalle esperienze, o sono solo più maturo?
Forse troppo, per il mondo semplice che mi circonda.
Ostra, 05.02.1990

Forse ha ragione Moravia quando dice che la noia è assenza di rapporti con il mondo che ci circonda anche quotidianamente; forse è la più completa alienazione a qualsiasi stimolo esterno. Forse è solo un tarlo nella mia mente, forse l'incapacità di reagire alla natura ambigua, che ci mette addosso bisogni e desideri che in realtà ci sfuggono. Forse è la paura di non raggiungerti mai, Rosangela.
Ostra, 23.05.1990

Chissà, forse niente è reale, niente ci esce senza le opportune alterazioni. Per ogni occasione c'è un copione da recitare; per ogni risposta inaspettata un attimo di smarrimento. Chissà se qualcun altro, la sera, non riesce a dormire senza prima avere steso un bilancio della giornata.
Ostra, 08.08.1990

Dal momento che troppe volte i sogni restano tali, tu per me sarai presente, qui di fronte, ogni momento, più vera che mai.
Ostra, 06.02.1991

«Scusa, che stupida sono stata... allora non ho capito niente... non volevo...»
«No, scusami te; è colpa mia; chissà che credevo...»
Ma era già troppo tardi; il bambino era già stato ucciso, con freddezza ed indifferenza. E più il tempo passava, più quel cadavere cominciava a puzzargli dentro, fino a nausearlo; fino a trasformarlo in un uomo.
Grazie piccola donna.
Ostra, 24.02.1993

Nulla puoi mio piccolo clock. Se esisti e scandisci è solo perché io ti ho creato. Come pretendi dunque di condizionarmi? Io continuo a vivere senza limiti di tempo; continuo a pensare, senza limiti di tempo; continuo ad amare, senza limiti di tempo. Non sarai tu ad uccidermi; se un giorno non amerò più, sarà solo per mia libera scelta. Potrai forse condizionare chi ti ignora; non me che t'ho creato e che bene ti conosco.
Ostra, 24.02.1993

Possiamo vedere solo ciò che non ci appartiene più, quella scorza che, ormai menzogna, si stacca da sé.
(L. Pirandello - J. Huizinga)

È uscito qualcosa dai miei occhi. Non so bene cosa; ne ho colto solo il rimbalzo sul vetro sporco della finestra, ma qualcosa ha brillato. Forse era solo uno sfogo.
Bologna, 12.08.1994

Le 'Impressioni di settembre' mi stanno calmando; mi hanno portato alle campagne che bene conosco. Nei miei pensieri sono sempre assolate e fresche, piene di colori e con rumori

leggeri. Tornerò ad abitarle con più consapevolezza. Non mi sfuggirà più niente.
Bologna, 12.08.1994

Mi appare evidente: c'è qualcosa che mi sovrasta e mi guida. È una forza intangibile, inodore; inebriante. In questa calda certezza non ho più motivi per affannarmi; tanti, invece, per impegnarmi a seguire il filo invisibile che mi porterà alla saggia quiete.
Bologna, 22.08.1994

Non è una cattiva azione il mentire, se serve per allontanare persone, o per avvicinarle. Fate però attenzione al soggetto da raggirare e abbiate la consapevolezza che la vittima, potreste essere anche voi.
Bologna, 24.08.1994

Alcuni uomini intuiscono e desiderano ciò che solo altri riusciranno a realizzare e che altri ancora trasformeranno, in un incessante fluire di immagini, di colori, di sentimenti e di idee.
Da una raccolta di enigmistica trovata in Porta Carraia del DM Bologna, nel mese di agosto 1994

Se fossimo più sinceri ci capiremmo meglio, ci conosceremmo meglio. Vedremmo le debolezze altrui e non nasconderemmo più le nostre. Cammineremmo a testa alta, fieri delle nostre idee. Se fossimo più sinceri, saremmo senz'altro più cattivi.
Bologna, 10.09.1994

Non dobbiamo reagire alle cattiverie, ma creare per gli altri armonia e benessere interiore, consapevoli di fare la cosa migliore. È sempre la più difficile ma, a lunga scadenza, la più gratificante.
Cominciamo noi, per primi, ad insegnare le buone maniere.
Bologna, 13.09.1994

E se fosse la luce del sole a confondere la realtà? Quello che vedremmo non sarebbe più reale. Forse è la luce del giorno che ci distrae dai pensieri intimi, dalle riflessioni che richiedono attenzioni e silenzio. Ora lo vedo: anche la notte è fatta per vivere, ma lontano da qualsiasi rumore nocivo.
Bologna, 14.09.1994

Meglio continuare a credere nei nostri miti,

che tagliare incompiuta una fantasia sentita talmente reale da vederla incarnata in ogni forma. Il rischio è di perdere orientamenti e riferimenti; provocare ferite difficili da curare, non avere più fede in nessuna religione. Io rispetto ed apprezzo l'impegno di chi persegue un suo mito, forse solo una scusa per dirsi libero, ma non è poco nel clima categorico di questo vecchio 900.
Bologna, 16.06.1994

Se non riesci a rilassarti, è perché la tua mente vuole sentirsi viva; tu non insistere e lasciala libera di creare, senza avere paura di cadere in malinconie.
Bologna, 21.09.1994

Purtroppo è accaduto spesso che persone desiderose di andare a fondo nella soluzione di gravi problemi, abbiano finito con l'affondare.
Enzo Biagi

È molto più facile perdonare i propri nemici che i propri amici.
Jane Fonda

L'archeologo è una persona che si chiede

sempre quale passato lo aspetti.
Massimo Lopez

Non stancarti di pensare; prima o poi arriverai ad una mèta ancora inesplorata. Non stancarti di lavorare; prima o poi qualcuno ti ricompenserà.
Non stancarti di amare; prima o poi qualcuno ti amerà.
Sul Diretto per Bologna, il 25.09.1994

Non è il giusto modo di contare il tempo, il nostro. Accetto la convenzione come espediente provvisorio, ma non credo potrà durare ancora per molto. Evolveranno anche gli uomini, prima o poi.
Bologna, 26.09.1994

Che tenerezza quando rivedo i miei genitori bambini; quelle foto in bianco e nero, un po' sgualcite, sempre sorridenti. In altre ammiro il loro guardarsi in faccia; quel volersi e darsi proprio degli innamorati, mi commuovono e mi inorgogliscono. Sono immagini indelebili e preziose; sanno evocare con dolcezza la parte migliore di me, riesco a strapparmi mille buoni proposti, altrettanti buoni motivi per

concretizzarli. È bello anche vederli cresciuti, baciarli sulle guance morbide, apprezzare nei loro occhi tutti i colori della vita già metabolizzati, le rughe lasciate dai problemi risolti insieme.
Bologna, 03.10.1994

Potrete dirvi cresciuti solo quando tornerete a pensare con la semplicità dei bambini. Abbandonata per la fretta di crescere, la riscoprirete come una rivelazione.
Bologna, 07.10.1994

Tante strade, un unico scopo: riprendere contatto con lo Spirito Creatore. Non chiedetemi come; non so il perché È un bisogno che va ascoltato con semplicità, senza paura.
Bologna, 17.10.1994

Se non troverò un impiego, cercherò il secondo lavoro; se non lo troverò, ne cercherò un terzo.
Bologna, 22.10.1994

È bene che chiunque usufruisca dei treni lo sappia: «Durante le fermate nelle stazioni, è vietato servirsi della ritirata».

La voce delle sirene la potete sentire anche oggi. È quella delle donne invasate di sé; quasi sempre sottile, morbida ed accattivante, esce spesso da occhi troppo sorridenti per essere credibili. Le vere donne sono inafferrabili, di una discrezione disarmante. Gli occhi sempre di un colore solo riflettono le loro certezze, i loro pensieri decisi.
Ostra, 30.10.1994

Arrabbiato per chi, per quale motivo? Ho tante buone ragioni per essere sereno, tanto affetto di cui nutrirmi, ma non so ancora filtrare l'aria pesante e malsana di questa caserma. È una continua lotta per il potere, da una penna in più alle latitanze ostentate, senza esclusione di colpi, senza scrupolo per chi non vuole agguerrirsi.

Pensieri dall'insonnia.
Bologna, 16.11.1994, ore 01.45

Guarderò tutti negli occhi, a qualsiasi altezza li portino.
Gennaio 1995

È bello mettersi in discussione per un'altra

persona, senza censure; trovarsi nudi e senza difese; dimezzare tutti i pesi, raddoppiare ogni gioia.
Marzo 1995

Thérèse continua a sgranare il suo rosario di domande assassine, ma io sono già sulle scale, salendo i gradini quattro a quattro verso la mia Julia, volando verso la mia Corrençon, come il bambino già perdonato, si mia Thérèse, sono un innamorato pieno di dubbi, ho il cuore che dubita. E perché mi si dovrebbe amare? Puoi rispondere a questo Thérèse? ogni volta è un miracolo quando constato che sono proprio io! Tu preferisci i cuori muscolosi, Thérèse? I grossi cuori che pompano certezze?
'La fata carabina' - Daniel Pennac, 1987

Il contatto umano non è una formalità, cazzo!
12.03.1995

Manie o problemi. Il risultato prodotto è lo stesso. La mimica si altera; la mente si distrae. Le vie d'uscita? non voglio siano scappatoie. Nascono i nostri sfoghi.

Capita di incantarsi davanti alla televisione; capita quasi mai di stupirsi davanti al velluto di

una rosa o al giallo del sole che nasce. Capita ancora meno di ascoltare un amico che non sa chiedere aiuto: non ce ne accorgiamo. Capita di sentirsi a disagio con il silenzio attorno. Lasciamoci occupare dal tempo e dal silenzio, dai colori e dagli amici. Ne nascerà finalmente qualcosa di buono.
25.09.1995

Un fiore illumina il prato verde sulla montagna lontana. I petali lo proteggono dagli sguardi di plastica. Vegliano sulla sua dignità. Sole riscalda gli abeti placidi. Calmi ed impassibili si ergono a monito per le derive dei nostri umori.

«Dio è risorto anche per te». Questo ci dice Simone quando ci vede giù di morale. E che gli vuoi rispondere?... Quando c'è Dio di mezzo io ci vado con i piedi di piombo: non si sa mai. Grazie Simone.
11.03.1996

Da solo? Sarei più libero, certo; e non significa non avere vincoli, ma almeno potermeli scegliere.
26.04.1997

Ogni riferimento a persone o cose, dicono, non è mai casuale.

Indice

Altri libri sono usciti dalla mia mente incasinata, sono pagine da leggere per non sentirsi soli e per scoprire che le nostre paure e le nostre speranze sono più comuni di quanto crediamo.

Sono fermamente convito che i libri abbiano una funzione terapeutica sulle nostre vite; sono il lubrificante per la mente.

Potete trovare tutte le mie pubblicazioni a questo link:

https://lucioperelliscrittore.simdif.com/le_mie_pubblicazioni.html

lucio perelli/ i miei libri

buona lettura !

About the Author

Lucio Perelli

Siamo nati per lasciare tracce, per comunicare, dunque per scrivere. Oggi più che mai ce n'è un gran bisogno, a tutte le età.

Condividere le esperienze e le proprie sensazioni è l'unico modo per non restare soli, ne sono fermamente convinto.

Il bisogno di scrivere non è tra quelli messi da Maslow nella sua piramide, eppure è un esercizio quotidiano che facciamo e rifacciamo, su pietra, su carta o su di uno schermo, sulla pelle perfino.

Diversamente non c'è progresso.

Il mio background è tecnico ma sono tanto, tanto curioso.

Lucio Perelli nasce a Senigallia, Ancona, nel 1974. Il curriculum non è tutto, i confini sono liquidi.

https://lucioperelliscrittore.simdif.com